CATALOGUE

D'UNE

JOLIE COLLECTION

DE

TABLEAUX

ET DE

DESSINS MODERNES,

DONT LA VENTE AURA LIEU

HOTEL DE VENTES MOBILIÈRES,

RUE DES JEUNEURS, 16,

SALLE N° 2,

Les lundi 9 et mardi 10 février 1846, à midi,

Par le ministère de M° RIDEL, Commissaire-Priseur, rue Saint-Honoré, 335.

Assisté de M. SCHROTH, appréciateur, rue Fontaine-Molière, 33.

Chez lesquels se distribue le présent catalogue.

EXPOSITION PUBLIQUE

Le dimanche 8 février 1846, de midi à 4 heures.

PARIS.
IMPRIMERIE ET LITHOGRAPHIE DE MAULDE ET RENOU,
Rue Bailleul, 9-11.
1846.   2387

ORDRE ET CONDITIONS DE LA VENTE.

Lundi 9 février 1846, les DESSINS.
Mardi 10   id.   DESSINS et TABLEAUX.

Il sera perçu 5 centimes en sus des adjudications, applicables aux frais.

DÉSIGNATION SOMMAIRE

TABLEAUX.

BONINGTON.

1 — Etude des ruines du temple de Vesta. Tableau très fin de touche.

BÉRRÉ.

2 — Bergère et son chien gardant un troupeau de vaches.
3 — Taureau, vaches et brebis, près desquels une bergère et son chien.
4 — Deux vaches, un cheval, etc. Etude.

M. DIAZ.

5 — Philosophe en méditation dans son cabinet. Tableau d'une belle exécution, dans le goût de Rembrandt.

DROLLING.

6 — Le Charlatan. Ce tableau, d'une exécution large et facile, est bien composé, la couleur en est bonne et l'effet des mieux entendu.

FRAGONNARD (Théophile).

7 — Le peintre avare en butte aux charges de ses élèves, qui lui passent par une trappe des pièces d'or en papier doré.

GREUZE (genre de).

8 — Belle tête de jeune homme d'un beau caractère.

M. GARNEREY (Hippolyte).

9 — Vue prise à Evreux.

M. SAINT-HILAIRE.

10 — Chaumière adossée à un massif d'arbres.

HUE.

11 — Paysage.

M. LAJOIE.

12 — Deux paysages très pittoresques de sites.
13 — Deux autres avec chevaux.

M. LAZERGES.

14 — Saint Jean dans le désert. Très belle tête pleine d'expression.
15 — Harem algérien ; deux femmes jouent et causent ensemble. Ces deux tableaux ont fait partie des expositions de 1844 et 1845.

M. LEFÈVRE

16 — Paysage, souvenir des bords de la Durance, tableau d'une exécution vigoureuse, d'une bonne couleur et d'un effet lumineux.

LEPRINCE (Xavier).

17 — Jeune fille donnant du pain à un pauvre.
18 — Paysage coupé par un chemin; sur un monticule, un groupe de personnages. Très joli, fixé d'une grande finesse d'exécution.
19 — Groupe de paysans au repos.
20 — Paysans dansant en rond au son d'une vielle; ces deux fixés, de forme ronde, sont de même dimension et d'une jolie exécution.

M. MALBRANCHE.

21 — Vue de l'embouchure de la Seine; sur le devant, plusieurs personnages près d'un tas de poissons. Tableau capital et bien entendu d'effet.
22 — Vue des bords de la mer sur la côte de Normandie.

M. MONGINOT.

23 — Tête de jeune garçon, d'un pinceau large et facile et d'une jolie couleur.

M. PARIS.

24 — Pâturage. Un taureau mugit en apercevant des génisses.
25 — Intérieur, avec chèvres et moutons.

M. PLANSON.

26 — Une corbeille de fleurs.
27 — Fruits et nature morte.

M. RÉMOND.

28 — Vue d'une ermitage près d'Albano; très belle étude.

ROGER.

29 — Un paysage.

THEVET.

30 — Deux paysages fixés, d'une exécution fine.

TRUCHOT.

31 — Palais dans le style arabe; tableau d'une jolie exécution, orné de figures.

VERON (d'après Wouvermans).

32 — Départ pour la chasse.
33 — Halte de voyageurs.

M. WILLA AMIL.

34 — Intérieur de la cathédrale de Burgos; sur le devant, des assistants entendent la messe. Ce tableau d'une architecture riche est d'une belle et large exécution, la couleur en est brillante.
35 — Vue prise aux environs de Madrid; tableau d'une couleur riche et d'une grande harmonie.

M. VAN DORNE.

36 — Jeune fille mangeant une tartine de fromage, devant elle un chien se dresse pour en avoir. Petit tableau d'une exécution fine et d'une jolie couleur.

ÉCOLE HOLLANDAISE.

37 — Marine. Calme.
38 — Figure d'homme, vue à mi-corps, un portrait à la main.

PAR DIVERS.

39 — Deux fixés d'après Rembrandt et Rubens.
40 — Deux paysages fixés.
41 — Une miniature, portrait de femme, d'une jolie exécution.

DESSINS.

M. ALAUX.

42 — Jeune fille remplissant un vase à une fontaine. Sépia.
43 — Jeune fille jouant avec un satyre. Sépia.

M. BENTELEY.

44 — Marine, effet de soleil couchant.
45 — Marine, et vue du rocher de Gibraltar. Ces deux dessins sont à l'aquarelle.

Madame BOULANGER (Elise).

46 — Jeune dame promenant sa petite fille qui porte une poupée. Aquarelle.

BONINGTON.

47 — La dame blanche. Aquarelle.
48 — Jeune fille conduisant un vieillard aveugle. Aquarelle.

M. BALLU.

49 — Paysage. Aquarelle.

M. CALLOW (William).

50 — Vue de Vienne en Dauphiné et de l'Eglise Saint-Maurice. Aquarelle.

M. CALAME.

51 — Paysage traversé par un chemin, sur le devant, une mare.

M. CICERI (Eugène).

52 — Intérieur de cour de ferme.
53 — Paysage; sur le devant un pont, dans le fond, des montagnes.

M. FINART.

54 — Page conduisant un cheval monté par une Châtelaine.

M. FIELDING (Newton).

55 — Cerf et élan. Deux dessins à la mine de plomb et à l'aquarelle.

CHARLET.

56 — Jeunes enfants montés sur un cheval blanc, effrayés de ne pas pouvoir l'arrêter. Aquarelle.
57 — Soldat en faction l'arme au bras. Aquarelle.
58 — Paysage à la mine de plomb.

M. COTTEREAU (Emile).

59 — Bartavelle au milieu des guérets. Aquarelle.

M. COLLIGNON (Jules).

60 — Paysage; sur le devant une charrette attelée, avec personnages.

M. COIGNET (Jules).

61 — Etudes d'arbres et de rochers. Mine de plomb.
62 — Etude de hêtre. Pastel.

M. COLIN.

63 — Conversation dans un parc. Aquarelle.

M. CUTBERT.

64 — Bateaux sur un lac, amarés près d'une maison. Mine de plomb.
65 — Vue prise à Condrieux, sur le Rhône. Mine de plomb.

M. DECAMPS.

66 — Le Singe artiste. Croquis à l'estompe.
67 — Jeune Suissesse assise. Croquis.

M. DAVID (Louis).

68 — Jeune Paysan assis près d'une jeune fille à laquelle il paraît conter des douceurs ; derrière, la mère qui les écoute. Aquarelle.

M. DANDIRAN.

69 — Groupe de maisons ; sur le devant une rivière et des laveuses. Très jolie aquarelle.

M. DEROY.

70 — Vue de l'acqueduc de Marly. Aquarelle.

M. DEVERIA (Achille).

71 — Garde à vous. Jeune fille nue, étendue sur un lit. Fort jolie aquarelle.

M. DEVERIA (Eugène).

72 — Groupe de femmes ; l'une d'elles chante en s'accompagnant sur la harpe. Aquarelle.

M. DE BRACKELER.

73 — Château flanqué de tourelles. Effet de clair de lune.

M. DELACROIX (Auguste).

74 — Vue de Boulogne. Mine de plomb rehaussée d'aquarelle.

75 — Cavalier monté sur un cheval blanc, parlant à de jeunes enfants. Aquarelle.

76 — Paysage ; sur le devant une rivière, dans le fond, un pont sous un massif d'arbres. Aquarelle.

77 — Moulin à vent près d'une rivière. Aquarelle.
78 — Paysanne tenant un enfant sur ses genoux. Aquarelle.
79 — Jeune fille debout appuyée contre une croix. Aquarelle.
80 — Gentilhomme, costume du xviie siècle.
81 — Vue d'un moulin à Charenton.
82 — Port de mer; sur le devant, des personnages se disposant à descendre d'une chaloupe.
83 — Port de mer de Normandie; sur le devant, un groupe de figures spirituellement exécutées.

M. D'ORSCHWILER.

84 — Paysage. Sépia.

M. D'ORSCHWILER (Hippolyte).

85 — Singes dansant la polka.

M. DOYEN.

86 — Le gardien de chevaux. Pastel.

M. DURAND (André).

87 — Souvenirs d'Orthès. Mine de plomb.

M. FEROGIO.

88 — Paysan appuyé sur un bâton et vu de dos.
89 — Paysan assis et regardant de jeunes enfants debout devant lui.
90 — Voyageur sur une route.
91 — Glaneuse portant une gerbe de blé. Aquarelle.

M. FORT (Siméon).

92 — Paysage avec chute d'eau entre des rochers.
92 bis. — Étude d'arbres. Sépia.

M. FORT (Théodore).

93 — Cheval blanc attaché à un mur, près de l'écurie. Aquarelle.

M. GHIRARDI.

94 — Paysage avec gros arbre sur le devant, au pied duquel est assis un jeune garçon pêchant à la ligne dans un étang.
95 — Paysage coupé par un chemin, sur lequel est une charrette.
95 bis. — Habitation de paysans, entourée d'arbres. Ces trois dessins sont à l'aquarelle.

M. GIRARD.

96 — Paysage avec lac. Aquarelle.

M. GARNEREY (Hippolyte).

97 — Jeune dame touchant du piano. Scène d'intérieur, à l'aquarelle.
— Jeune seigneur avec une jardinière. Aquarelle.

M. GENIOLE.

98 — Rassemblement de paysans près d'une tente.

M. GUDIN.

99 — Marine, avec bâtiment sous voiles. Aquarelle.
100 — Marine calme. Sépia.

M. GRANET.

101 — Intérieur. Aquarelle.

102 — Autre, à la Sépia.

M. HILDEBRANDT.

102 bis. — Jeunes enfants tenant un cheval par la bride.

102 ter. — Deux jeunes enfants de marins près d'un chien.

M. HOGUET.

103 — Plage à marée basse, avec barques de pêcheurs sur la grève. Aquarelle.

M. HUBERT.

104 — Cascade entre des rochers. Aquarelle.

105 — Paysage avec personnages assis au pied d'un arbre.

106 — Autre; sur le devant, deux personnages sur un chemin, plus loin, une pièce d'eau et quelques arbres.

107 — Maison et tourelle au bord de l'eau.

108 — Groupe de maisons et pont sous lequel coule un ruisseau.

109 — Autre, auquel l'on arrive par un large escalier.

110 — Paysage et maisons; sur le devant, une femme vue de dos tire un seau d'eau d'un puits. Aquarelle.

111 — Autre, avec un cheval faisant tourner la roue d'un moulin.

112 — Étude d'arbres. Sépia.

113 — Entrée de forêt. Sépia.

114 — Paysage avec un moulin, dans le fond des montagnes.

M. JOHANNOT (Tony).

115 — Trois sujets de Walter Scott. Sépia.
116 — Groupe de jeunes filles faisant un bouquet. Aquarelle.

M. JOYANT.

117 — Plage à marée basse. Aquarelle.
118 — Vue du palais ducal, à Venise. Aquarelle.
119 — Vue de la place Saint-Marc, à Venise. Aquarelle.

M. JOUANNIN.

120 — Jockeys conduisant des chevaux. Deux dessins à l'aquarelle.

KAYSERMAN.

121 — Cascatelles de Tivoli.
122 — Vu de Tivoli. Ces deux dessins à l'aquarelle sont d'une belle couleur et d'une jolie exécution.

M. KELLIN.

123 — Vue prise à Fontainebleau. Aquarelle.

M. LAPITO.

124 — Vue prise en Suisse. Aquarelle.

M. MADOU.

125 — Garde-chasse près d'une cheminée ; il regarde une femme qui est près de lui et qui boit un verre de bière ; plus loin un paysan assis tient un verre de bière. Très joli dessin à l'aquarelle.

M. MARTIN (Paul).

126 — Intérieur de vieux château ; un domestique porte un pâté.
127 — Autre d'appartement ; dans le fond des domestiques apportent des malles.
128 — Autre d'escalier.
129 — Autre gothique.
130 — Autre d'appartement avec bahut, etc. Tous ces dessins sont à l'aquarelle.

M. MANSSON.

131 — Chevet d'église gothique. Aquarelle.

M. NASH.

132 — Vue intérieure de la cathédrale d'Exester ; très belle aquarelle d'une grande harmonie.

M. NOGUÈS.

133 — Une jeune fille, un album ouvert sur ses genoux, fait le croquis d'un point de vue. Aquarelle.

M. PARIS.

134 — Groupe de moutons. Pastel.

M. PELLETIER.

135 — Groupe de maisons adossées à une montagne sur laquelle un vieux château en ruines. Aquarelle.

M. PIGAL.

136 — Le Marchand de vieux habits. Aquarelle.

PERROT (Ferdinand),

137 — Marine et falaises; sur le second plan un bateau à vapeur.

M. RAVANAT.

138 — Massif d'arbres près duquel une charrette chargée de blé. Mine de plomb.

M. ROQUEPLAN.

139 — Paysan parlant à une dame. Sépia.
140 — Jeune femme jouant du violon; un enfant debout près d'elle. Aquarelle très brillante.
141 — Plage à marée basse sur papier teinté.

M. RENOUX.

142 — Paysage avec mare sur le devant. Aquarelle.

M. SCHNETZ.

143 — Pélerin parlant à des jeunes filles. Sépia.
144 — Le Tambour républicain. Sépia.

M. SOULÈS (Eugène).

145 — Vue d'intérieur de ville. Aquarelle.
146 — Vue d'une partie du château d'Amboise.
147 — Vue latérale, à perspective, de la cathédrale d'Alby.

M. TOURNEMINE.

148 — Plage à marée basse, avec barques sur la grève. Aquarelle.

M. THOMAS.

149 — Paysanne et son enfant surpris par une bourrasque. Effet de neige.
150 — Intérieur de cour. Aquarelle.
151 — Un Bal masqué à Rome.
152 — Sujet tiré du Moine.
153 — Un Romain à genoux, tenant son chapelet dans ses mains jointes.
154 — Henri IV quittant Gabrielle. Aquarelle.

M. VALLON DE VILLENEUVE.

155 — Une scène d'atelier de femmes, le Colin-Maillard et le Mannequin.
156 — Petite fille effrayée par un chien, se réfugiant dans les bras de sa mère.
157 — Il faut souffrir pour être belle.
158 — Le Désert.
159 — La Nymphe des fontaines.
160 — Le Galand boulanger. Tous ces dessins, à l'aquarelle, sont d'une finesse précieuse.

VAUZELLE.

161 — Intérieur de souterrain. Aquarelle.

M. VIANELLI.

162 — Intérieur de ménage de pêcheur napolitain, l'on voit toute la ville et le golfe de

Naples, ainsi que le Vésuve. Aquarelle brillante de couleur.

WATTEAU (genre de).

163 — Deux dessins à l'aquarelle, dans le goût de ce maître.

M. YUNG.

164 — Combat de cavalerie. Aquarelle.

PAR DIVERS.

165 — Deux jeunes filles se faisant tirer les cartes.
166 — Offrande à l'Amour et la délaissée; deux dessins à la gouache.
167 — Tous les articles omis au présent catalogue, seront vendus sous ce numéro.

www.ingramcontent.com/pod-product-compliance
Lightning Source LLC
Chambersburg PA
CBHW030113230526
45471CB00003B/1403